CATALOGUE

DES

MANUSCRITS MEXICAINS

DE LA

BIBLIOTHÈQUE NATIONALE

PARIS

LIBRAIRIE ÉMILE BOUILLON, ÉDITEUR

67, RUE DE RICHELIEU, AU PREMIER

—

1899

Extrait de la Revue des Bibliothèques,
1898 et 1899.

CATALOGUE

DES

MANUSCRITS MEXICAINS

Extrait de la Revue des Bibliothèques, 1898 et 1899.

CATALOGUE

DES

MANUSCRITS MEXICAINS

DE LA

BIBLIOTHÈQUE NATIONALE

PARIS

LIBRAIRIE ÉMILE BOUILLON, ÉDITEUR

67, RUE DE RICHELIEU, AU PREMIER

—

1899

CATALOGUE

DES

MANUSCRITS MEXICAINS

DE LA

BIBLIOTHÈQUE NATIONALE

———

La Bibliothèque nationale est entrée récemment en possession de la célèbre collection de manuscrits mexicains de M. E.-Eugène Goupil[1]. Elle la doit à la générosité de Madame veuve Goupil, qui a mis à exécution la volonté libéralement manifestée par son mari, il y a quelques années, en faveur de nos collections nationales.

Cette collection, formée au Mexique, il y a un demi-siècle, par un de nos compatriotes, M. Joseph Aubin[2], fut cédée par lui en 1889 à M. E.-Eugène Goupil[3], qui aussitôt confia à M. Eugène Boban le soin d'en rédiger un catalogue détaillé, bientôt publié sous le titre de : *Documents pour servir à l'histoire du Mexique. Catalogue raisonné de la collection de M. E.-Eugène Goupil (ancienne collection J.-M.-A. Aubin); manuscrits figuratifs et autres sur papier indigène d'agave mexicana et sur papier*

———

1. Décret du 18 juin 1898 et arrêté ministériel du 24 juin suivant.

2. Une notice biographique sur M. Aubin (1802-1891), accompagnée d'un portrait gravé, se trouve aux pp. 23-30 du tome I du catalogue imprimé de M. Boban, cité plus loin.

3. Voir l'avant-propos du même catalogue (tome I, p. 7-19), ainsi qu'un article de M. Albert Réville, publié dans le journal *le Temps*, du 13 avril 1898, reproduit dans la *Revue des Bibliothèques* (1898), t. VIII, p. 122-127, et aussi en tête du *Catalogue de la bibliothèque américaine de feu M. E.-Eugène Goupil* (vente du 4 février 1899), p. XI-XVIII.

européen, antérieurs et postérieurs à la conquête du Mexique (XVIe *siècle*) [1].

On trouvera plus loin une notice sommaire, empruntée au catalogue imprimé de M. Boban, de la collection Goupil-Aubin, dont les 403 articles forment la partie de beaucoup la plus importante et la plus nombreuse du fonds des manuscrits mexicains de la Bibliothèque nationale. La numérotation attribuée à ces manuscrits par M. Boban a été scrupuleusement conservée ; on a ainsi 372 numéros, parmi lesquels s'intercalent, à différents endroits, dix-neuf numéros *bis* ou *ter* et auxquels ont été ajoutés plus tard douze autres numéros, qui portent à 403 le chiffre total des articles de la collection.

La Bibliothèque nationale ne possédait, antérieurement à la donation de M. E.-Eugène Goupil, que dix-sept manuscrits mexicains [2], dont les notices sommaires ont été imprimées, à la suite de l'inventaire de la collection Goupil-Aubin, sous les n°s 385 à 401 du fonds mexicain.

Tel qu'il est aujourd'hui constitué, le fonds mexicain de Paris l'emporte sur toutes les collections des deux mondes par l'antiquité et l'importance des documents qu'il contient pour l'histoire de l'ancien Mexique, et l'ensemble de ces collections réunies est encore inférieur en nombre aux 420 articles du fonds mexicain de la Bibliothèque nationale.

H. O.

---

1. Paris, Ernest Leroux, 1891, 2 vol. gr. in-4°, et atlas in-plano de 80 planches en phototypie.

2. Trois manuscrits figuraient au catalogue de vente Goupil (1899), sous les n°s 116, 117 et 145. Les n°s 116 et 145, donnés par Mme veuve Goupil, forment aujourd'hui le ms. mexicain 384 ; le n° 117, « Relaciones historicas de Don Fernando de Alva Ixtlilxochitl » (copie, datée de 1755, du ms. 209), a été acquis par le libraire Chadenat.

Indépendamment des manuscrits, Mme veuve Goupil a fait don à la Bibliothèque nationale d'un certain nombre de volumes imprimés, qui ont été décrits dans le *Bulletin mensuel* de novembre-décembre 1898, p. 529-537 : *Don Goupil. Catalogue d'ouvrages concernant principalement le Mexique.*

FONDS MEXICAIN

COLLECTION GOUPIL-AUBIN

PREMIÈRE PARTIE

MANUSCRITS FIGURATIFS

1-10.

Histoire de la nation Chichimèque, depuis l'empereur Amacui Xolotl jusqu'à Nezahualcoyotl (963-1428), d'après l'interprétation du chroniqueur indigène Don Fernando de Alva Ixtlilxochitl.

Manuscrit figuratif, composé de 10 planches ; original sur papier indigène d'agave mexicana (*Atlas*, pl. 1-10). — Haut. 0m,42 ; larg. 0m,48. — Catalogue impr., t. I, p. 55-204.

10 bis.

Copie, faite au xviiie siècle par Léon y Gama, du document qui servit à Ixtlilxochitl pour écrire son *Histoire chichimèque* (Nos 1 à 10).

Manuscrit figuratif, sur papier européen ; cahier de 8 planches. — Haut. 0m,38 ; larg. 0m,54. — Catalogue impr., t. I, p. 205-218.

11-12.

Mappe-Quinatzin. — Première partie : Tableau historique de la civilisation Texcocane. — 2e partie : Administration Acolhua depuis la guerre Tépanèque.

Manuscrit figuratif, original sur papier indigène d'agave mexicana (*Atlas*, pl. 11 et 12). — Haut. 0^m,77; larg. 0^m,44. — Catalogue impr., t. I, p. 219-242.

13-14.

Mappe de Tepechpan. — Histoire synchronique et seigneuriale de Tepechpan et de Mexico. (1298-1596.)

Manuscrit figuratif, original sur papier indigène d'agave mexicana (*Atlas*, pl. 13 et 14). — Haut. 0^m,21 ; long. 6^m,25. — Catalogue impr., t. I, p. 243-273.

14bis.

Copie de la *Mappe de Tepechpan*, ou Histoire synchronique et seigneuriale de Tepechpan et de Mexico (n° 14).

Recueil de 19 planches, in-folio. — Haut. 0^m,26 ; larg. 0^m,42. — Catalogue impr., t. I, p. 275-277.

15-17.

Le *Codex en Croix*. — Annales de Cuauhtitlan, de Texcoco et de Mexico ; 1re, 2e et 3e parties. (1402-1557.)

Manuscrit figuratif, original sur papier indigène d'agave mexicana (*Atlas*, pl. 15-17). — Haut. 0^m,57 ; long. 1^m,66. — Catalogue impr , t. I, p. 279-291.

18-19.

Le *Tonalamatl*. — Calendrier religieux et divinatoire, servant à la fois de rituel et de diurnal pour la célébration des fêtes et de base aux pronostics généthliaques.

Manuscrit figuratif, composé de 18 feuilles ; original sur papier indigène d'agave mexicana (*Atlas*, pl. 18 et 19). — Haut. 0^m,24 ; larg. 0^m,27. — Catalogue impr., t. I, p. 293-313.

19bis.

Copie du *Tonalamatl*, faite par Don Antonio de Leon y Gama.

20 planches, dont 2 reconstituées d'après l'original (n°s 18 et 19) ; les 2 planches n°s 1 et 2 manquaient déjà du temps de Leon y Gama. — Haut. 0^m,30 ; larg. 0^m,40. — Catalogue impr., t. I, p. 315-327.

20.

Le Culte rendu au Soleil (*Tonatiuh*). — Document sur la théogonie et l'astronomie des anciens Mexicains.

Manuscrit figuratif, original sur peau de cerf tannée (*Atlas*, pl. 20). — Haut. 0^m,51 ; larg. 0^m,91. — Catalogue impr., t. I, p. 329-348.

21.

Le Culte rendu au Soleil (*Tonatiuh*). — Copie par Don Antonio de Leon y Gama du document précédent (n° 20).

Manuscrit figuratif, sur papier européen (*Atlas*, pl. 21). — Haut. 0^m,51 ; larg. 0^m,91. — Catalogue impr., t. I, p. 349-361.

22.

Manuscrit de 1528, ou Annales historiques de la nation Mexicaine (anonyme).

Manuscrit composé de 20 feuillets, écrits au recto et au verso ; original sur papier indigène d'agave mexicana. — Texte en langue nahuatl et en caractères latins, formant 6 cahiers reliés par 4 cordelettes d'ichtli ou fil d'agave (*Atlas*, pl. 22). — Haut. 0^m,41 ; larg. 0^m,23. — Catalogue impr., t. I, p. 363-368.

22 bis.

Copie ancienne du *Manuscrit de 1528*, ou Annales historiques de la nation Mexicaine (n° 22).

Manuscrit sur papier européen, écrit en langue nahuatl, relié en parchemin ; 53 pages, in-folio. — Haut. 0^m,30 ; larg. 0^m,21. — Catalogue impr., t. I, p. 369-370.

22 ter.

Deuxième copie du *Manuscrit de 1528*, faite par M. Aubin.

Manuscrit de 90 pages, in-folio, en 4 cahiers. — Catalogue impr. t. I, p. 371.

23-24.

Codex Mexicanus, contenant l'histoire des Mexicains depuis leur départ d'Aztlan jusqu'en 1590 (1re et 2e partie).

> Manuscrit figuratif, composé de 47 feuillets, peints au recto et au verso (100 pages), et reliés en forme d'album ; original sur papier indigène d'agave mexicana (*Atlas*, pl. 23 et 24). — Haut. 0m,10 ; larg. 0m,20. — Catalogue impr., t. I, p. 373-379.

25.

Plan topographique de Gueyapan et des localités environnantes. — Pièces d'un procès.

> Manuscrit figuratif ; original sur papier d'agave mexicana (*Atlas*, pl. 25). — Haut. 0m,42 ; larg. 0m,38. — Catalogue impr., t. I, p. 381-382.

26.

Cedula de diligencia. — Pièce justificative d'un procès sur des terrains en litige entre plusieurs villages (Amecameca et autres).

> Manuscrit figuratif, original sur papier indigène d'agave mexicana (*Atlas*, pl. 26). — Haut. 0m,45 ; larg. 0m,45. — Catalogue impr., t. I, p. 383-385.

27.

Contrat de Commanderie, signé devant les autorités de Mexico par les Indigènes, en faveur du Señor Don Bernardino Vasquez de Tapia, qu'ils acceptent comme *Encomendero* (Commandeur) et tributs qu'ils s'engagent à lui payer annuellement (17 octobre 1554).

> Manuscrit figuratif, original sur papier européen (*Atlas*, pl. 27). — Haut. 0m,42 ; larg. 0m,31. — Catalogue impr., t. I, p. 387-389.

28.

Contributions ou tributs, en argent et en nature, que payaient les indigènes des villages de Tlaxinican, Tlaylotlacan, Tecpanpa,

Tenanco, Quecholac, Ayocalco et San Nicolas (vallée de Mexico).

> Manuscrit figuratif, original sur papier d'agave mexicana (*Atlas*, pl. 28).
> — Haut. 0ᵐ,40; larg. Cᵐ,38. — Catalogue impr., t. I, p. 391-395.

29.

Pièce justificative d'un procès, entre Francisco de la Cruz Cohuatzincatl, indio natural de Xuchimilco, et Joachim Tecoloatl, relativement à des immeubles, des champs et des loyers (Mexico, 13 oct. 1571).

> Manuscrit figuratif, original sur papier indigène d'agave mexicana, 15 feuillets (*Atlas*, pl. 29).— Haut. 0ᵐ,52; larg. 0ᵐ,40.— Catalogue impr., t. I, p. 399.

30.

Reçus (*Pliego de recibos*) présentés par le capitaine Jorge Ceron y Carabajal, alcalde mayor de Chalco, au cours d'un procès que lui intentaient les indigènes de cette localité par devant la *Real Audiencia* de Mexico, en 1564, au sujet de diverses corvées auxquelles il les avait illégalement contraints. — Il y a, sous le nº 296, une copie de ce ms. faite par le Père Pichardo.

> Manuscrit figuratif, original sur papier d'agave mexicana, 13 feuillets (*Atlas*, pl. 30). — Haut. 0ᵐ,53; larg. 0ᵐ,41. — Catalogue impr., t. I, p. 400-403.

31.

Comparution de treize accusés indigènes par devant Don Alonzo de Solorzano, juge de la résidence du village de Guahtitlan [Cuauhtitlan?], le 8 avril 1568.

> Manuscrit figuratif, original sur papier indigène d'agave mexicana (*Atlas*, pl. 31). — Haut. 0ᵐ,42; larg. 0ᵐ,37. — Catalogue impr., t. I, p. 404-405.

32.

Pièce du procès de Pablo Ocelotl et ses fils contre Alonzo Gonzales, qui détient injustement des maisons et des terrains plantés d'agaves appartenant aux premiers (21 mars 1565).

Manuscrit figuratif, original sur papier européen, 17 feuillets, in-folio (*Atlas,* pl. 32). — Haut. 0^m,44; larg. 0^m,32. — Catalogue impr., t. I, p. 406-407.

33.

Pièce d'un procès : plan et titre d'une propriété sise à Huexo-colco (près Texcoco), au nom de Juliana Flanco.

Manuscrit figuratif, original sur papier indigène d'agave mexicana (*Atlas,* pl. 33). — Haut. 0^m,37; larg. 0^m,37. — Catalogue impr., t. I, p. 408-409.

34.

Pièce d'un procès : plan de plusieurs propriétés avec des mesures, des meubles et des objets variés. (Gama, *Description historica y cronologica de las dos Piedras.*)

Manuscrit figuratif, original sur papier européen (*Atlas,* pl. 34). — Haut. 0^m,60; larg. 0^m,43. — Catalogue impr., t. I, p. 410-412.

35-36.

Histoire de la nation Mexicaine, depuis le départ d'Aztlan jusqu'à l'arrivée des Espagnols.

Copie faite par Gama du Codex de 1576 ; cette copie s'arrête en 1523. — Voir sous les n°s 332 et 333 deux copies de ce ms. par Gama et M. Aubin.

Manuscrit figuratif, sur papier européen, texte en langue nahuatl, 44 feuillets (*Atlas,* pl. 35 et 36). — Haut. 0^m15; larg. 0^m11. — Catalogue impr., t. I, p. 413-424.

37-39.

Codex de Vergara. — Document cadastral, daté de 1539, et portant le nom du marques del Valle Virey (titre du conquérant Hernan Cortés).

La dernière page porte la signature de l'auteur Fray Diego Vergara.

Manuscrit figuratif, accompagné de texte en langue nahuatl ; 56 feuillets in-fol., sur papier européen (*Atlas,* pl. 37-39). — Haut. 0^m31; larg. 0^m22. — Catalogue impr., t. II, p. 11-33.

40.

Histoire mexicaine, depuis 1221 jusqu'en 1594.

Manuscrit figuratif, accompagné de texte en langue nahuatl ; original sur papier européen, 23 feuillets, en écriture du xvii⁰ siècle. — — Haut. 0ᵐ21 ; larg. 0ᵐ16. — Catalogue impr., t. II, p. 34-38.

41-45.

Codex Cozcatzin (1572). — Première partie : Titres de propriété, cadastre et réclamations portées à l'Audience Royale de Mexico par les indigènes. — Deuxième partie : Portraits des monarques mexicains, avec des notes en langue nahuatl.

Manuscrit figuratif, accompagné d'une série d'inscriptions en deux langues; 18 feuillets, sur papier européen (*Atlas,* pl. 41-45). — Haut. 0ᵐ29 ; larg. 0ᵐ22. — Catalogue impr., t. II, p. 39-49.

45 *bis*.

Copie du *Codex Cozcatzin,* faite par Leon y Gama.

Manuscrit figuratif, accompagné d'une série d'inscriptions en espagnol et en nahuatl; 29 pages, in-fol., papier européen. — Haut. 0ᵐ, 31; larg. 0ᵐ22. — Catalogue impr., t. II, p. 50.

46-50.

Histoire Toltéco-Chichimèque ; premier fragment.

Manuscrit figuratif, sur papier européen; 46 pages in-fol., texte en langue nahuatl (*Atlas,* pl. 46-50). — Haut. 0ᵐ30 ; larg. 0ᵐ22. — Catalogue impr., t. II, p. 51 et 76-79.

51-53.

Histoire Toltéco-Chichimèque ; deuxième fragment.

Manuscrit figuratif, sur papier européen; 41 pages in-folio, texte en langue nahuatl (*Atlas,* pl. 51-53). — Haut. 0ᵐ, 30; larg. 0ᵐ, 22. — Cat. impr., t. II, p. 51 et 80-87.

54-58.

Histoire Toltéco-Chichimèque. — Il y a sous le n° 338 une copie de ce ms. par M. Aubin.

Manuscrit figuratif, sur papier européen ; 59 pages in-fol., texte en langue nahuatl (*Atlas*, pl. 54-58). — Haut, 0ᵐ30 ; larg. 0ᵐ22. — Catalogue impr., t. II, p. 88-101.

58 *bis*.

Copie de l'*Histoire Toltéco Chichimèque.* — Cette copie a été lithographiée par les soins de M. Aubin.

Manuscrit figuratif, sur papier européen ; 20 feuillets in-fol., texte en langue nahuatl. — Catalogue impr., t. II, p. 102.

59-64.

Histoire Mexicaine.

Manuscrit figuratif, sur papier européen; 25 feuillets in-fol., coloriés au recto et verso (*Atlas*, pl. 59-64). — Haut. 0ᵐ21 ; larg. 0ᵐ28. — Catalogue impr., t. II, p. 103-113.

65-71.

Fragment d'un Codex attribué par Leon y Gama à Don Fernando de Alva Ixtlilxochitl.

Manuscrit figuratif, sur papier européen ; 27 feuillets in-folio, texte en langue espagnole (*Atlas*, pl. 65-71). — Haut. 0ᵐ31 ; larg. 0ᵐ21. — Catalogue impr., t. II, p. 114-149.

72.

Fragment de généalogie des princes Mexicains, les empereurs Itzcohuatzin, Motecuhzoma, Ilhuicamina et leurs descendants.

Manuscrit figuratif, une feuille in-fol., papier européen; copie faite au xvɪɪ° siècle, texte en nahuatl et en espagnol (*Atlas*, pl. 72). — Haut. 0ᵐ30; larg. 0ᵐ20. — Catalogue impr., t. II, p. 151-155.

73.

Confirmation des élections de Calpan ; nomination de chefs indigènes par le vice-roi Don Martin Enriquez de Almanza (1578).

Manuscrit figuratif, sur papier européen; 9 feuillets in-fol. de figures et de texte, en langue nahuatl, et 2 pages de texte espagnol (*Atlas* pl. 73). — Haut. 0^{m}30 ; larg. 0^{m}21.— Catalogue impr., t. II, p. 156-159.

74.

Différentes histoires originales des royaumes de Colhuacan, de Mexico et d'autres provinces, depuis les premiers temps de la Gentilité jusqu'en 1591, par Don Domingo de San Anton Muñon Chimalpahin Quauhtlehuanitzin. — Il y a, sous les n°s 348-350, des copies de ce ms. par M. Aubin.

Manuscrit sur papier européen; 272 feuillets in-fol., en langue nahuatl (*Atlas*, pl. 76). — Haut. 0^{m}31 ; larg. 0^{m}21. — Catalogue impr., t. II, p. 160-168.

75.

Une émeute parmi les indigènes ; action judiciaire contre plusieurs habitants d'Iztacmaztitlan (Iztacmixtitlan) : pièces relatives à des poursuites exercées contre ceux d'entre eux qui se retirèrent dans les bois en haine du régime auquel ils étaient soumis dans les bourgades (1564).

Manuscrit figuratif, sur papier européen; 53 feuillets in-fol. (*Atlas*, pl. 75). — Haut. 0^{m}31 ; larg. 0^{m}22. — Catalogue impr., t. II, p. 169-170.

76.

Cartilla. — Catéchisme en images et en chiffres, accompagné de prières en langue otomi et de légendes en espagnol.

Manuscrit figuratif, sur papier européen ; 20 feuillets in-4°, copie du XVIIe siècle (*Atlas*, pl. 76). — Haut. 0^{m}31 ; larg. 0^{m}16. — Catalogue impr., t. II, p. 171-172.

77.

Cathesismo (sic) *en lengua Mexicana.*

Manuscrit figuratif, sur papier européen, texte en langue nahuatl,
légendes en langue espagnole, daté de 1719 ; 21 feuillets in-4° (*Atlas,*
pl. 77). — Haut. 0^m21 ; larg. 0^m16. — Catalogue impr., t. II, p. 173-174.

78.

Cartilla. — Catéchisme en images et en chiffres, accompagné
d'une interprétation en langue espagnole ; attribué par Boturini à
Fray Bernardino de Sahagun.

Manuscrit figuratif, sur papier européen, 21 feuillets in-4° (*Atlas,*
pl. 78). — Haut. 0^m21 ; larg. 0^m15. — Catalogue impr., t. II, p. 176-196.

79.

Plan topographique de la *Villa de Nuestra Señora de Guadalupe*
(près Mexico) et de ses environs, en 1694. — Copie sur papier
européen accompagnée d'un texte explicatif, faite sur des documents authentiques, le 17 octobre 1795, par Don José Mariano
Alarcon.

Atlas, pl. 79. — Haut. 0^m,74 ; larg. 0^m,54. — Catalogue impr., t. II,
p. 197-201.

80-80 ^bis.

Copie du *Tonalamatl,* calendrier religieux et divinatoire servant
à la fois de rituel et de diurnal pour la célébration des fêtes et de
base aux pronostics généthliaques, appartenant à la bibliothèque
de la Chambre des Députés (Paris).

80 *bis.* Notes et lettre de M. Aubin sur le manuscrit précédent,
7 feuillets joints.

Manuscrit figuratif, accompagné de notes en langue espagnole ; 36 feuillets, sur papier indigène (*Atlas,* pl. 80). — Haut. 0^m,38 ; larg, 0^m,40. —
Catalogue impr., t, II, p. 202-207.

81.

Fragment d'*Histoire Chichimèque*.

Manuscrit figuratif, original sur papier indigène d'agave mexicana,
9 feuillets, ployés en forme de livre, écrits et peints au recto et au
verso. — Haut. 0ᵐ,28 ; larg. 0ᵐ,25. — Catalogue impr., t. II, p. 208-209.

82.

Titre de propriété ; plan de maisons et de terrains avec leurs
mesures.

Manuscrit figuratif, original sur papier indigène d'agave mexicana, une
feuille en couleurs. — Haut. 0ᵐ,43 ; larg. 0ᵐ,38. — Catalogue impr.
t. II, p. 210-212.

83.

Codex Mexicanus.

Manuscrit figuratif, original sur papier indigène d'agave mexicana ;
longue bande composée de deux fragments. — Longueur totale, 2ᵐ,20 ;
larg. 0ᵐ,18. — Catalogue impr., t. II, p. 213.

83 *bis*.

Copie du *Codex Mexicanus*.

Manuscrit figuratif, sur papier européen ; longue bande composée de
deux fragments. — Longueur totale, 2ᵐ,20 ; larg. 0ᵐ,10. — Catalogue
impr., t. II, p. 214.

84.

1519 anos. Congregacion. — Histoire d'Ayotzingo, depuis
l'arrivée des conquérants jusqu'en 1635.

Manuscrit figuratif, original sur papier européen ; cahier in-folio, de
8 pages de texte en espagnol et 10 feuillets de figures. — Haut. 0ᵐ30 ;
larg. 0ᵐ,21. — Catalogue impr., t. II, p. 215-218.

85.

Fragment de l'Histoire des anciens Mexicains.

Manuscrit figuratif, sur papier européen, texte en langue nahuatl ; huit
feuillets in-4°, écrits au recto et au verso. — Haut. 0m,20; larg. 0m,15.
— Catalogue impr., t. II, p. 219-220.

85bis.

Copie faite par M. Aubin, de l'Histoire des anciens Mexicains,
avec un essai de traduction en langue française.

Manuscrit figuratif, sur papier européen, texte en nahuatl ; cahier de
19 feuillets in-folio, écrits verso et recto. — Catalogue impr., t. II,
p. 21.

86.

Fragment d'un procès.

Manuscrit figuratif, sur papier européen ; 6 feuillets in-folio. — Haut.
0m,31 ; larg. 0m,21. — Catalogue impr., t. II, p. 222-223.

87.

« Description ignografica del palacio de Moctezuma, situado
en el rio Gila, en altura de 33 grados y 5 minutos con poca
diferencia. »

Manuscrit sur papier européen ; 2 feuillets in-folio. — Haut. 0m,30; larg.
0m,20. — Catalogue impr., t. II, p. 224.

ALBUMS DE COPIES DU PÈRE PICHARDO[1].

88.

Premier album de copies exécutées par le Père José Pichardo
sur des documents authentiques, dont plusieurs faisaient partie
de sa collection. — Le *Tonalamatl*. — Le culte rendu à *Tonatiuh*.
— Le *Codex en croix*. — La *Mappe de Tepechpan*.

Album in-folio, relié en parchemin, contenant 1 feuillet prélim. et
107 pages de dessins coloriés. — Manuscrit figuratif, sur papier européen. — Haut. 0m,29 ; larg. 0m,40. — Catalogue impr., t. II, p. 225-227.

---

1. Voir aussi plus loin, n°s 287-310.

89.

Deuxième album de copies du Père Pichardo. — Histoire mexicaine depuis 1221 jusqu'en 1594. — Calendrier circulaire. — Le départ d'Aztlan. — *Mappe Tlolzin.* — *Codex Cozcatzin.* — Pérégrinations des Mexicains. — Grand calendrier de Valadès. — *Mappe Quinatzin.* — *Codex Mexicanus.*

Album in-folio, relié en parchemin vert, contenant 113 pages de dessins coloriés. — Manuscrit figuratif, sur papier européen. — Haut. 0ᵐ,36 ; larg. 0ᵐ,25. — Catalogue, impr., t. II, p. 228-242.

90.

Album de copies exécutées par Don Antonio de Leon y Gama. — *Codex en croix,* etc.

Album in-folio, relié, composé de 62 planches en couleurs. — Manuscrit figuratif, sur papier européen. — Haut. 0ᵐ,25 ; larg. 0ᵐ,33. — Catalogue impr., t. II, p. 243-244.

91.

Copie faite par Léon y Gama de la peinture hiéroglyphique, connue sous le nom de *Jeroglifico de Sigüenza,* et qui montre les pérégrinations des Mexicains sur le haut plateau de l'Anahuac.

Manuscrit figuratif, sur papier européen. — Haut. 0ᵐ,45 ; larg. 0ᵐ,65. — Catalogue impr., t. II, p. 245-246.

91ᵇⁱˢ.

Calque de la peinture aztèque précédente (nᵒ 91).

Manuscrit figuratif, sur papier européen. — Haut. 0ᵐ,45 ; larg. 0ᵐ,61. — Catalogue impr., t. II, p. 247-253.

92.

Le Cycle ou siècle mexicain.

Manuscrit figuratif, sur papier européen. Copie du commencement du xixᵉ siècle. — Haut. 0ᵐ,27 ; larg. 0ᵐ,32. — Catalogue impr., t. II, p. 255-256.

93.

Copie de la *Tira del Museo*, ou départ des Mexicains de l'île d'Aztlan (l'original de ce document appartient au musée de Mexico).

Manuscrit figuratif, sur papier européen. — Long. 5^m,49 ; haut. 0^m,19. — Catalogue impr., t. II, p. 257-264.

94.

Cadastre des terres conquises à Izhuatepec.

Manuscrit figuratif, sur papier européen, 22 pages. Copie du xviiie siècle. — Haut. 0^m,31 ; larg. 0^m,21. — Catalogue impr., t. II, p. 265-266.

95.

Copie de la *Mappe Tlotzin* (attribuée à Boturini).

Manuscrit figuratif, sur parchemin ; longue bande, composée de deux fragments réunis. — Haut. 0^m,31 ; longueur totale, 1^{m}25. — Catalogue impr., t. II, p. 267.

96.

Calque de la *Tira del Museo*.

Manuscrit figuratif, sur papier européen, — Longueur totale, 5^{m}49 ; larg. 0^m,19. — Catalogue impr., t. II, p. 268.

DEUXIÈME PARTIE

DOCUMENTS DIVERS

Dessins, cartes et plans (1re série).

97.

Dessins au lavis faits par Don Francisco Aguera, pour accompagner l'ouvrage de Gama : *Description... de las dos Piedras*, avec sept planches gravées.

Cahier in-folio, 18 feuillets. — Catalogue impr., t. II, p. 271.

98.

Calque d'une ancienne carte géographique, dont le centre représente Xochicalco.

Manuscrit figuratif, sur papier européen. — Haut. 0m,47 ; larg. 0m,59. — Catalogue impr., t. II, p. 272.

99.

Copie en héliogravure de la *Mappe Reinisch*, de Vienne (Autriche), dont l'original, après avoir appartenu à M. le comte de Charencey, est aujourd'hui conservé à la Bibliotèque nationale, n° 400 du fonds Mexicain.

Manuscrit figuratif, sur papier indigène (2 fragments). — Haut. 0m,95 ; larg. 0m,58. — Catalogue impr., t. II, p. 273.

100.

Copie de diverses pierres sculptées, datant du commencement du siècle ; représentation des *teocalli*, des *tepetl*, du signe *ollin*, etc.

Manuscrit figuratif, sur papier européen, 42 feuillets in-folio. — Catalogue impr,, t. II, p. 273-274.

101.

Copie coloriée d'une carte géographique, datant du commencement du siècle. — Cf. les mss. 10 *bis* et 98.

Manuscrit figuratif, sur papier européen. — Longueur totale 2^m,60 ; larg. 0^m,60, — Catalogue impr., t. II, p. 274-275.

101 *bis*.

Copie d'une carte géographique, identique à la copie n° 101.

Manuscrit figuratif, sur papier européen. — Long. 2 mètres ; larg. 0^m,60. — Catalogue impr., t. II, p. 275.

102.

Réédification de la ville de Cuernavaca (*Cuauhnahuac*), ancienne capitale des Tlahuiques.

Manuscrit figuratif, sur papier européen ; une feuille et un cahier de 18 pages in-folio. — Haut. 0^m,60 ; larg. 0^m,62. — Catalogue impr., t. II, p. 276-277.

103.

Plan topographique d'Yxcatlan et terrains limitrophes (1580).

Manuscrit figuratif, original, sur papier européen ; une feuille en couleurs. — Haut. 0^m,60 ; larg. 0^m,43. — Catalogue impr., t. II, p. 277-279.

104.

Généalogie de l'un des quatre gouverneurs de la république de Tlaxcala, qui s'allièrent à Cortés.

Manuscrit figuratif, sur papier européen ; 2 feuillets in-folio. — Catalogue impr., t. II, p. 280.

105.

Copie moderne de trois cartes peintes, sur papier d'agave, faites
par ordre de Cuauhtemoc, d'après d'autres cartes plus anciennes,
relatives au partage de la lagune entre les quartiers de Mexico-
Tlatelolco et Mexico-Tenochtitlan.

Manuscrit figuratif, sur papier européen, 13 feuillets in-folio. — Haut.
0^m,31 ; larg. 0^m,43. — Catalogue impr., t. II, p. 281-282.

106.

Copie moderne du plan du *Tianquizlli*, ou marché de Tenochtitlan, à l'époque de la conquête.

Manuscrit figuratif, sur papier européen. — Haut. 0^m,37 ; larg. 0^m,46. —
Catalogue impr., t. II, p. 282-283.

107.

Plan topographique provenant d'un document judiciaire ayant
trait à des terrains sis dans les faubourgs de Texcoco.

Manuscrit figuratif, original, sur papier européen. — Haut. 0^m,63 ; larg.
0^m,59. — Catalogue impr., t. II, p. 284-285.

Pièces judiciaires, ordonnances royales, etc.

108.

Contributions ou tributs en argent et en nature, imposées aux
indigènes, par le chef, ou commandeur, Don Joseph Jorgen.

Manuscrit figuratif, original, sur papier européen. — Haut. 1^m,40 ; larg.
0^m,31. — Catalogue impr., t. II, p. 287-290.

109.

Pièce de comptabilité d'une fabrique de céramique indigène,
postérieure à la conquête.

Manuscrit figuratif, original, sur papier européen. — Haut. 1ᵐ,90 ; larg.
0ᵐ,32. — Catalogue impr., t. II, p. 291-293.

110.

Pièces d'un procès (1590).

Manuscrit figuratif, original, sur papier indigène d'agave mexicana ; une
feuille, avec un cahier manuscrit de 45 feuillets in-folio. — Haut. 0ᵐ,60 ;
larg. 0ᵐ,38. — Catalogue impr., t. II, p. 293-294.

111.

Pièces d'un procès criminel, présentées à l'Audience royale de Mexico (1566).

Manuscrits figuratifs, originaux, sur papier d'agave mexicana, 12 feuillets de formats différents, intercalés · dans un cahier manuscrit de
72 feuillets in-folio. — Catalogue impr., t. II, p. 294-295.

112.

Procès entre Diego Francisco et Felipe de Santiago.

Manuscrit figuratif, original, sur papier européen, cahier de 33 feuillets
in-fol. — Catalogue impr., t. II, p. 296.

113.

Plainte adressée au roi d'Espagne Philippe II par les indigènes de Xalpantepec.

Manuscrit figuratif, sur papier européen, faisant partie d'un manuscrit
de 44 feuillets in-folio. — Catalogue impr., t. II. p. 297.

114.

Titres de propriété.

Manuscrit figuratif, original, sur papier indigène d'agave mexicana,
43 feuillets manuscrits. — Haut. 0ᵐ37 ; larg. 0ᵐ26, — Catalogue impr.,
t. II, p. 298-301.

115.

Testament de Don Antonio Totoquihuaztli, cacique et gouverneur de Tlacopan Tacuba (1574).

Manuscrit figuratif, sur papier européen ; 10 feuillets in-folio, et 2 cartes — Catalogue impr., t. II, p. 301-302.

116.

Pièces d'un procès (Mexico, 1580).

Manuscrit figuratif, sur papier européen, 12 pages in-folio. — Catalogue impr., t. II., p. 303.

117.

Procès de Sebastian de Aguilar, indio natural de Tlaxcala, con Diego Piloin (1570).

Manuscrit sur papier européen, 13 feuillets in-folio. — Cat. impr., t.. II, p. 303-304.

118.

Pièces judiciaires (1705).

Manuscrit sur papier européen, 6 feuillets in-folio, indépendants les uns des autres. — Catalogue impr., t. II., p. 304.

119-148.

Real cedulas. Série d'ordonnances de Charles-Quint, Philippe II, etc., adressées aux vice-rois, archevêques, etc. du Mexique (1537-1633).

Manuscrit; 30 pièces, formant 37 feuillets in-folio. — Haut. 0^m31 ; larg. 0^m22. — Catalogue impr., t. II. p. 305-313.

Cartes et plans (2ᵉ série).

149.

Plan du centre de la ville de Mexico (1801).

Une feuille — Haut. 0ᵐ40 ; larg. 0ᵐ66. — Catalogue impr., t. II, p. 315-317.

150.

Plan gravé de la ville de Mexico et ses faubourgs, en 1789, annoté par Don José-Antonio Alzate.

Une feuille collée sur toile. — Haut. 0ᵐ59 ; larg. 1ᵐ09. — Catalogue impr., t. II, 318-321.

151.

Carte de la vallée de Mexico.

Dessin à l'encre. — Une feuille. — Haut 0ᵐ56 ; larg. 0ᵐ45. — Catalogue impr., t. II, p. 321-324.

152.

Plan topographique de Cuitlahuac (ancienne ville située dans une ile du lac de Chalco).

Une feuille. — Haut. 0ᵐ28 ; larg. 0ᵐ41. — Catalogue impr., t. II, p. 324.

153.

Carte géographique de la vallée de Mexico, gravée par Antonio Moreno.

Une feuille. — Haut. 0ᵐ37 ; larg. 0ᵐ46. — Catalogue impr., t. II, p. 325.

154.

Carte géographique manuscrite des terres nouvellement découvertes (1778) au N.-N.-E, du Nouveau-Mexique.

Une feuille. — Haut. 0^m73 ; larg. 0^m80. — Catalogue impr., t. II, p. 325-326.

155.

Carte géographique (manuscrite) des provinces du nord du Mexique, du Texas et de la Louisiane.

Une feuille. — Haut. 0^m46 ; larg. 0^m38. — Catalogue impr., t. II, p. 326.

156.

Carte géographique (manuscrite) des deux Californies, de la Sonora et du Sinaloa.

Une feuille. — Haut. 0^m88 ; larg. 0^m 25. — Catalogue impr., t. II, p. 327-329.

157.

Carte géographique (manuscrite) des provinces du nord du Mexique, du Texas et de la Louisiane.

Une feuille. — Haut. 1^m03 ; larg. 0^m61. — Cat. impr., t. II, p. 329.

158.

Carte géographique (manuscrite) des provinces du nord du Mexique, du Nouveau-Mexique, du Texas et de la Louisiane.

Une feuille. — Haut. 0^m60 ; larg. 0^m85. — Cat. impr., t. II, p. 33.

159.

Carte géographique (manuscrite) des provinces du nord du Mexique.

Une feuille. — Haut. 0^m,60; larg. 0^m,44. — Catalogue impr., t. II, p. 330.

160.

Carte géographique manuscrite des provinces du nord du Mexique.

Une feuille. — Haut. 0^m,44; larg. 0^m,90. — Catalogue impr., t. II, p. 331.

161.

Carte géographique manuscrite des provinces du nord du Mexique.

Une feuille parchemin. — Haut. 0ᵐ,48; larg. 0ᵐ,65. — Catalogue impr., t. II, p. 331.

162.

« Atlas Gualtemalteco, en ocho cartas formadas y grabadas en Guatemala de orden del gefe del estado C. Dʳ Mariano Galvez, año de 1832. »

Huit cartés gravées. — Haut. 0ᵐ,25; larg. 0ᵐ,31. — Catalogue impr., t. II, p. 332.

163.

Copie du *Codex Tzapotèque*, dont l'original appartient à M. Ph.-J. Becker (de Darmstadt).

16 planches in-folio photographiées. — Catalogue impr., t. II, p. 332.

Manuscrits relatifs à la géographie du nord du Mexique.

164.

Rapport sur les travaux du Père Pichardo, présenté par les « Fiscales de real hacienda y de lo civil », en date du 26 mai 1812.

Manuscrit; cahier de 8 pages in-folio. — Catalogue impr., t. II, p. 333-334.

165.

Notices géographiques sur le Texas, par le Père Pichardo.

Manuscrit; cahier de 18 feuillets in-folio. — Catalogue impr., t. II, p. 334-335.

166.

Documents relatifs aux provinces du nord du Mexique, copiés en partie par le Père Pichardo.

Manuscrit; cahier de 21 feuillets in-folio.— Catalogue impr., t. II, p. 335.

167.

Lettre sur le Texas, adressée à D. Carlos de Sigüenza y Gongora par le R. P. Fr. Damian Manzanet.

Manuscrit; cahier de 14 feuillets in-folio. — Catalogue impr., t. II, p. 335.

168.

Notes sur le Texas : « Apuntes sobre la provincia de Texas. » — Cartes de la Floride, du Texas et plan de San-Francisco.

Manuscrit; 7 feuillets différents; cahier in-folio. — Catalogue impr., t. II, p. 336.

169.

Notice sur la province de Texas : « Relacion de la provincia de los Tejas, por Don Carlos de Sigüenza y Gongora. »

Manuscrit; cahier in-folio de 16 feuillets. — Catalogue impr., t. II, p. 336-337.

170.

Notice géographique du P. Pichardo sur la Louisiane (1810).

Manuscrit; cahier in-folio de 5 feuillets, dont deux cartes géographiques. — Catalogue impr., t. II, p, 337-338.

171.

Notice sur le Texas.

Manuscrit; cahier de 1 et 19 feuillets in-folio. — Catalogue impr., t. II, p. 338.

172.

Document relatif à la Louisiane.

Manuscrit; cahier de 15 feuillets in-folio. — Catalogue impr., t. II, p. 338.

173.

Notes géographiques sur le Mexique, attribuées à Don Carlos de Sigüenza y Gongora.

Manuscrit; cahier in-folio de 41 feuillets. — Catalogue impr., t. II, p. 339.

174.

« Dedicatoria al señor Gral Don Domingo Gironza P. de Cruzat, governador de las armas de esta provincia de Sonora » ; signé : « Eusevio Fran^co Kino. » (1698.)

Manuscrit; cahier de 8 feuillets in-4°. — Catalogue impr., t. II, p. 339.

175.

Voyage par mer, au nord de la Californie, de la frégate « Princesa » et du paquebot « San Carlos » (1788).

Manuscrit; cahier de 10 feuillets in-4°. — Catalogue impr., t. II, p. 340.

176.

Traduction espagnole des instructions données en anglais à M. Jayme Colnett, capitaine du navire « l'Argonauta » (San Blas, 1789).

Manuscrit; cahier de 7 feuillets in-4°. — Catalogue impr., t. II, p. 340.

177.

Voyage en Californie du P. Wenceslas Link, Jésuite (1766).

Manuscrit; cahier de 31 feuillets in-4°. — Catalogue impr., t. II, p. 341.

178.

Voyage par mer, au nord de la Californie, par le capitaine D. Juan Perez (1774).

Manuscrit; cahier de 18 feuillets, in-4°. — Catalogue impr., t. II, p. 341.

179.

Notes sur la Californie; tirées de la « Luz de tierra incognita de la America septentrional,... por el cap. D. Juan-Matheo Mangé. »

Manuscrit; cahier de 7 feuillets in-4°. — Catalogue impr., t. II, p. 342.

180.

Voyage de « la Sonora » à Monterey (Californie), par le capitaine D. Juan-Bautista de Anna (1774).

Manuscrit, 3 pages in-fol. — Catalogue impr., t. II, p. 342.

181.

La Quivira (le Texas); mémoire pour démontrer que les terres découvertes par les Français dans l'Amérique septentrionale appartenaient depuis longtemps aux Espagnols.

Manuscrit, 20 cahiers in-fol., 194 feuillets. — Catalogue impr., t. II, p. 342-343.

182.

La Quivira (le Texas); copie du n° 181, avec notes du P. Pichardo.

Manuscrit; cahier in-fol., 193 feuillets. — Catalogue impr., t. II, p. 344.

183.

La Quivira (le Texas); documents relatifs au Texas.

Manuscrit; 18 cahiers in-folio, 179 feuillets. — Catalogue impr., t. II, p. 344.

184.

Document relatif à la Floride.

Manuscrit; 9 cahiers in-folio, 90 feuillets. — Catalogue impr., t. II, p. 345.

185.

Document relatif à la Floride, copie du n° 184.

Manuscrit; 9 cahiers in-folio, 8S feuillets. — Catalogue impr., t. II, p. 345.

186.

Document relatif à la Floride, copie du n° 184.

Manuscrit; 8 cahiers in-folio, 84 feuillets. — Catalogue impr., t. II, p. 346.

187.

Recueil de pièces officielles sur les provinces du Nouveau-Mexique, du Texas et de la Louisiane (1724).

Manuscrit; 23 cahiers in-folio, 226 feuillets. — Catalogue impr., t. II, p. 346-347.

188.

Extraits du « Voyage dans les deux Louisianes et chez les nations sauvages du Missouri,... par M. Perrin du Lac... » (1805), avec notes du P. Pichardo.

Manuscrit; cahier in-folio, 36 feuillets. — Catalogue impr., t. II, p. 348.

189.

« Relacion de la Luisiana é de los Texas, » par Fr. Francisco de Jesus-Maria.

Manuscrit; cahier in-folio, 15 feuillets.— Catalogue impr., t. II, p. 348.

190.

« Relasion de las Islas Filipinas, » etc., par Don Antonio de Morga. (1609).

Manuscrit; 3 cahiers in-folio, 30 feuillets. — Catalogue impr., t. II, p. 349.

191.

« Papel sacado del tomo 25 de las Memorias del P. Fr. Manuel de Vega, cuyo titulo es : Documentos para la Historia del Nuevo Mexico, » etc.

Manuscrit; 8 cahiers in-folio, 75 feuillets. — Catalogue impr., t. II, p. 349-350.

192.

Voyage de Don Juan Dominguez de Mendoza (1683-1684).

Manuscrit; 6 cahiers in-folio, 59 feuillets. — Catalogue impr., t. II, p. 350.

193.

Document relatif à l'histoire de l'Amérique septentrionale, « dado por el R. P. Fr. Alonso de Posadas » (1685).

Manuscrit ; cahier in-folio, 17 feuillets. — Catalogue impr., t. II, p. 351.

194.

Notice relative aux Cadodachos.

Manuscrit ; cahier in-folio, 99 feuillets. — Catalogue impr., t. II, p. 351.

195.

Relation des découvertes faites sur la côte septentrionale de la Californie en 1779.

Manuscrit; cahier in-folio, 1 et 17 feuillets. —. Catalogue impr., t. II, p. 352.

196.

Description géographique du Nouveau-Mexique, par le P. Fr.
Juan-Augustin de Morfi.

> Manuscrit; trois cahiers in-folio, 24 feuillets. — Catalogue impr., t. II,
> p. 352-353.

197.

Notes historiques sur le Nouveau-Mexique.

> Manuscrit; deux cahiers in-folio, 14 feuillets. — Catalogue impr., t. II,
> p. 353.

198.

Description physique des côtes de la Californie, etc.

> Manuscrit; in-folio, 86 feuillets. — Catalogue impr., t. II, p. 353.

199.

Documents pour l'histoire du Nouveau-Mexique ; extraits de la
main de Fr. Juan-Augustin de Morfi (1780).

> Manuscrit; 10 cahiers in-folio, 98 feuillets. — Catalogue impr., t. II, p. 354.

199bis.

Documents sur l'histoire du Nouveau-Mexique, par Fray Alonso
de Posadas (1780).

> Manuscrit; 2 cahiers in-folio, 18 feuillets. — Catalogue impr., t. II. p. 354.

200.

Notice sur les tribus Apaches du nord du Mexique.

> Manuscrit; 2 cahiers in-folio, 20 feuillets.— Catalogue impr., t. II, p. 355.

200 *bis*.

Notice sur les Apaches. — Copie ou original (brouillon) du n° 200.

Manuscrit ; 2 cahiers in-folio, 17 feuillets. — Catalogue impr., t. II, p. 356.

201.

Description géographique de la Mission de S. José Nayarit, par le P. Fr. José-Antonio Navarro (1777).

Manuscrit in-folio, 95 feuillets. — Catalogue impr , t. II, p. 356-358.

202.

« Noticias geograficas, etc. del curato de Santa Anna Guanajuato » (1777-1778).

Manuscrit in-folio, 51 feuillets. — Catalogue impr., t. II, p. 358-359.

203.

« Relacion del viage que hizo la expedicion embiada por Don Fernando Cortés al descubrimiento de las islas del Maluco » (Iles Moluques.)

Manuscrit in-folio, 28 feuillets. — Catalogue impr., t. II, p. 359.

204.

« Viaje a las dos Luisianas », etc., par M. Perrin du Lac (1805).

Manuscrit in-folio, 30 feuillets.— Catalogue impr., t. II, p. 359-360.

205.

« Brebe resumen del estado geografico-politico del reyno de Nueva España » (1808).

Manuscrit ; cahier in-4°, 6 feuillets. — Catalogue impr., t. II, p. 360.

Copies diverses.

206.

« Procédure suivie contre Nuño de Guzman, » etc.

Manuscrit ; 8 cahiers in-folio, 79 feuillets, dont une carte géographique. — Catalogue impr., t. II, p. 361-362.

207.

Chronica Mexicana de Don Hernando de Alvarado Tezozomoc.

Manuscrit ; in-folio, 580 pages. — Catalogue impr., t. II, p. 362-370.

208.

Copie moderne d'un manuscrit de la fin du xvie siècle sur l'*Histoire Chichimèque* de Don Fernando de Alva Ixtlilxochitl.

Manuscrit ; 5 cahiers in-folio, 419 pages. — Catalogue impr., t. II, p. 371.

209.

Copie ancienne des *Relaciones historicas* et du *Compendio de la historia de la Nueva España*, de Don Fernando de Alva Ixtlilxochitl, ayant appartenu à D. Mariano de Echevarria y Veytia. (Cf. aussi le n° 225.)

Manuscrit ; in-folio, 477 pages. — Catalogue impr., t. II, p. 372-383.

210.

Pedazo de historia verdadera; « Historia de la ciudad y provincia de Tlaxcala y su republica », par Diego Muñoz Camargo. (Autographe.)

Manuscrit ; cahier in-folio, 64 feuillets.— Catalogue impr., t. II, p. 385-386.

211.

Historia de la ciudad y provincia de Tlaxcala y su republica, por Diego Muñoz Camargo. — Copie du n° 210, avec notes de Gama.

Manuscrit; cahier in-folio, ɪ et 76 feuillets. — Catalogue impr., t. II, p. 386-391.

212.

Origen de la nacion Tlaxcalteca, escrita por Dⁿ. Juan Bentura Zapata. — Voir sous le n° 341 une copie de ce ms. par M. Aubin.

Manuscrit; in-folio, relié en parchemin, ɪɪɪ et 120 feuillets. — Catalogue impr., t. II, p. 393-396.

213.

Description du *Lienzo de Tlaxcala*, par Don Nicolas-Faustino Mazihcatzin, etc.

Manuscrit; cahier in-folio, 40 pages.— Catalogue impr., t. II, p. 396-398.

214.

Description du *Lienzo de Tlaxcala*. — Copie du n° 123.

Manuscrit; cahier petit in-4°, 21 feuillets. — Catalogue impr., t. II, p. 399-400.

215.

Fragment d'une *Histoire ancienne du Mexique*, prologue et tables chronologiques de Veytia.

Manuscrit; huit cahiers in-folio, 76 feuillets. — Catalogue impr., t. II, p. 401-402.

216.

Histoire de la Gentilité américaine, traduction en espagnol d'un document en langue kichees. (Cf. le n° 278.)

Manuscrit; cinq cahiers in-folio, 29 feuillets. — Catalogue impr., t. II, p. 402.

217.

Fragment d'une *Histoire du Mexique*, en langue nahuatl.

Manuscrit original; cahier petit in-4°, 30 feuillets. — Catalogue impr.,
t. II, p. 402.

218.

« Informe sobre varios asuntos de govierno », ou rapport de
Don Alonso Zurita. — Copie du ms. suivant.

Manuscrit; cahier in-folio, 98 pages. — Catalogue impr., t. II, p. 403-404.

219.

« Informe sobre varios asuntos de govierno », ou rapport de
Don Alonso Zurita.

Manuscrit; cahier in-folio, 1 et 72 feuillets. — Catalogue impr., t. II, p. 404.

220.

« Diario de Don Domingo de San Anton Muñon Chimalpahin.

Manuscrit; volume in-folio, relié en parchemin, 284 pages. — Catalogue impr., t. II, p. 404-405.

221.

Relation d'Ixtlilxochitl sur les seigneurs Chichimèques.

Manuscrit; cahier in-folio, 12 feuillets. — Catalogue impr., t. II, p. 406.

222.

Titres de propriété des terres de Santa Isabel Tola; avec notes
de Gama.

Manuscrit; cahier in-folio, 11 feuillets. — Catalogue impr., t. II, p. 406.

223.

Chronica Mexicana; anonyme.

Manuscrit; cahier in-folio, 30 feuillets. — Catalogue impr., t. II, p. 407.

224.

Histoire des anciennes populations de la vallée de Mexico, par D. F. de Alva Ixtlixochitl. (Cf. le n° 227.)

Manuscrit ; cahier in-folio, 41 pages. — Catalogue impr., t. II, p. 407.

225.

« Historia de la succesion y descendencia de todos los principes y señores que han dominado en el valle de Mexico, etc., par D. F. de Alva Ixtlixochitl. (Cf. le n° 209.)

Manuscrit ; cahier in-folio, 19 feuillets. — Catalogue impr., t. II, p. 408.

226.

« Historia antigua y original de la nacion Tulteca, escrita por Don Domingo Chimalpain. »
Cinq premières « Relationes » d'Ixtlilxochitl.

Manuscrit ; cahier in-folio, 34 feuillets. — Catalogue impr., t. II, p. 408-409.

227.

Copie de la *Sumaria Relacion* d'Ixtlilxochitl. (Cf. le n° 224.)

Manuscrit ; cahier in-folio, 16 feuillets. — Catalogue impr , t. II, p. 409.

228.

Alboroto y motin de los Indios de Mexico (1692).

Manuscrit ; sept cahiers in-folio, 64 feuillets. — Catalogue impr., t. II, p. 410.

229.

Historia de la venida de Santo Tomas, compuesta por el P. Simon de Vasconzelos (1788).

Manuscrit ; cahier in-folio, 1 feuillet et 174 pages. — Catalogue impr., t. II, p. 410-411.

230.

« Rastros y señales de la primera predicacion [de santo Tomas] en el Nuevo Mundo. »

Manuscrit; cahier in-folio, 73 feuillets. — Catalogue impr., t. II, p. 411.

231.

Notice sur saint Thomas et sa prédication en Amérique, etc.

Manuscrit; volume petit in-4°, relié en parchemin, viii et 184 feuillets. — Catalogue impr., t. II, p. 411-412.

232.

Cantares del emperador Nezahualcoyotl.

Manuscrit ; cahier petit in-4°, 24 feuillets. — Catalogue impr., t. II, p. 412-413.

233.

Cantares del emperador Nezahualcoyotl. (Copie du n° 232.)

Manuscrit; cahier in-folio, 10 feuillets. — Catalogue impr., t. II, p. 413.

234.

Noticias de las Vestales Mexicanas. — Copie par Veytia du manuscrit de Don Carlos de Sigüenza y Gongora.

Manuscrit; cahier in-4°, 6 feuillets. — Catalogue impr., t. II, p. 414.

235.

Noticias de las Vestales Mexicanas. (Copie du n° 234.)

Manuscrit; cahier in-4°, 5 feuillets. — Catalogue impr., t. II, p. 414.

236.

Noticias de las Vestales Mexicanas. (Copie incomplète du n° 234.)

Manuscrit; cahier in-folio, 3 feuillets. — Catalogue impr., t. II, p. 415.

237.

« Notice sur le manque d'un système de poids chez les Mexicains, » etc.

Manuscrit ; cahier in-folio, 6 feuillets. — Catalogue impr., t. II, p. 415.

238.

Notice sur l'or des mines et l'or de *Tepuztli*. — Voir sous le n° 298 une copie de ce ms. faite par le P. Pichardo.

Manuscrit ; 3 cahiers in-folio, 24 feuillets.—Catalogue impr., t. II, p. 416.

239.

Document sur l'entreprise du canal de Huehuetoca (1607-1679).

Manuscrit ; cahier in-folio, 9 feuillets. — Catalogue impr., t. II, p. 416-417.

240.

Notes sur le canal de Huehuetoca (1792).

Manuscrit ; cahier in-folio, 6 feuillets. — Catalogue impr., t. II, p. 417.

241.

« Noticias de las inundaciones de Mexico, » etc.

Manuscrit ; cahier in-folio, 2 feuillets. — Catalogue impr., t. II, p. 417.

242.

Document relatif aux premiers seigneurs de Teotihuacan.

Manuscrit ; cahier in-folio, 6 feuillets. — Catalogue impr., t. II, p. 418.

243.

« Tanto del testamento de Don Fran^co. Verdugo Quetzalmamalictzin » (1598).

Manuscrit ; cahier in-folio, 16 feuillets. — Catalogue impr., t. II, p. 418.

244.

Copie du « Tanto del testamento de Don Francisco Verdugo Quetzalmamalictzin » (n° 243).

Manuscrit; cahier in-4°, 10 feuillets. — Catalogue impr., t. II, p. 419.

245.

« Tratado del principado y noblesa del pueblo de San Juan Teotihuacan, » avec une copie et un essai de traduction de M. Aubin.

Manuscrit; cahier in-folio, 32 pages. — Catalogue impr., t. II, p. 419.

246.

Document relatif à Geronimo de Aguilar.

Manuscrit; cahier in-folio, 17 feuillets. — Catalogue impr., t. II, p. 420-421.

247.

Document relatif à Geronimo de Aguilar. — Copie du n° 246, faite par le Père Pichardo.

Manuscrit; cahier in-folio, 10 feuillets. — Catalogue impr., t. II, p. 421-422.

247bis.

Document relatif à Geronimo de Aguilar. — Copie des n°s 246-247.

Manuscrit; cahier in-folio, 10 feuillets. — Catalogue impr., t. II, p. 422.

248.

« Algunos apuntes sobre la Historia antigua de Yucatan. »

Manuscrit; cahier, cartonné in-12, 14 feuillets. — Catalogue impr., t. II, p. 422.

249.

Calendrier de Michoacan. — Copie faite par Veytia (1756).

Manuscrit ; cahier in-4°, 5 feuillets. — Catalogue impr., t. II, p. 423.

250.

Documents relatifs au Chiapas et au Guatemala, extraits de l'*Historia* de Fr. Ant. Remesal (1619).

Manuscrit ; 3 cahiers in-4°, 26 feuillets. — Catalogue impr., t. II, p. 423.

251.

Notes extraites par Veytia de la *Chronica* du P. F. Balthasar de Medina (1682).

Manuscrit; cahier in-4°, 21 feuillets. — Catalogue impr., t. II, p. 424.

252.

Document relatif au *Tonalamatl*, attribué à Castillo par Gama.

Manuscrit ; cahier in-4°, 11 feuillets. — Catalogue impr., t. II, p. 424.

253.

« Repertorio de los tiempos », etc., de Henrico Martinez.

Manuscrit; quatre cahiers in-4°, ɪ et 34 feuillets. — Catalogue impr., t. II, p. 425.

254.

Documents en nahuatl relatifs aux Toltèques, etc.

Manuscrit; deux cahiers in-4°, 33 feuillets. — Catalogue impr., t. II, p. 425-426.

255.

Document sur l'Histoire toltèque ; copie de Veytia.

Manuscrit ; deux cahiers in-4°, 33 pages. — Catalogue impr., t. II, p. 426.

256.

Historia de la provincia de Santiago, etc., par Fray Alonso
Franco (1645); copie de Veytia.

Manuscrit; cahier in-4°, 2 feuillets. — Catalogue impr., t. II, p. 426.

257.

« Varones illustres que han ennoblecido la ciudad de Quere-
taro.

Manuscrit; cahier in-4°, 15 feuillets. — Catalogue impr., t. II, p. 427.

258.

Notices géographiques sur la Nouvelle-Espagne.

Manuscrit; cahier in-4°, 15 feuillets. — Catalogue impr., t. II, p. 427.

259.

Extraits relatifs à l'histoire ecclésiastique da Mexico (xvie-
xviiie siècle).

Manuscrit; cahier in-folio, 6 feuillets. — Catalogue impr., t. II, p. 427.

260.

« Del famoso idolo de la Toci, o Cibeles Mexicana, que estaba
en Guadalupe. »

Manuscrit; cahier in-folio, 10 feuillets. — Catalogue impr., t. II, p. 428.

261.

Statistique comparative entre Madrid et Mexico, vers la fin du
xviiie siècle, par Jose-Antonio Alzate.

Manuscrit; cinq cahiers in-folio, 50 feuillets. — Catalogue impr., t. II, p. 428.

262.

Pièces diverses sur l'histoire du Mexique.

Manuscrit; 22 pièces ou fragments in-folio, 37 feuillets. — Catalogue
impr., t. II, p. 429.

263.

« Prologo del autor Christoval del Castillo », relatif à l'histoire du Mexique.

Manuscrit en langue nahuatl; cahier in-folio, 15 feuillets. — Catalogue impr., t. II, p. 429.

264.

Document sur l'histoire de la conquête du Mexique.

Manuscrit; cahier in folio, 24 feuillets. — Catalogue impr., t. II, p. 430.

265.

Tributs payés par des indigènes des environs de Mexico.

Manuscrit; cahier in-folio, 12 feuillets. — Catalogue impr., t. II, p. 430.

266 et 266bis.

Pillage de la ville de Veracruz, par les pirates, le 18 mai 1683 (Expédition de Lorencillo).

Manuscrit; deux cahiers in-4° et in-folio, 20 et 10 feuillets. — Catalogue impr., t. II, p. 431-433.

267.

Fragment d'un registre de tributs payés au gouvernement colonial de Mexico (1570).

Manuscrit; 12 feuillets, in-folio. — Catalogue impr., t. II, p. 433.

268.

Notes chronologiques antérieures à la conquête du Mexique; copie en partie de Veytia.

Manuscrit; cahier in-folio, 4 feuillets. — Catalogue impr., t. II, p. 433.

269.

Notes sur l'Orénoque.

Manuscrit; cahier in-folio, 12 feuillets. — Catalogue impr., t. II, p. 434.

270.

Critique d'un sermon sur Notre-Dame de Guadalupe et divers autres sujets. (1794-1795.)

> Manuscrit ; quatre cahiers in-folio, 1 et 39 feuillets. — Catalogue impr.,
> t. II, p. 434.

271.

Itinéraire (Mexico à Toluca, etc.).

> Manuscrit ; cahier in-folio, 10 feuillets. — Catalogue impr., t. II,
> p. 435.

272.

Itinéraires (Puebla, etc.).

> Manuscrit ; cahier in-folio, 7 feuillets. — Catalogue impr., t. II,
> p. 435.

273.

Itinéraires (Mexico, Apa, etc.).

> Manuscrit ; cahier in-folio, 22 feuillets. — Catalogue impr., t. II,
> p. 435.

274.

Itinéraires (Mexico, Apa, etc.) semblables à ceux du n° 273.

> Manuscrit ; cahier in-folio, 20 feuillets. — Catalogue impr., t. I,
> p. 436.

275.

Itinéraires (Cuernavaca et ses environs).

> Manuscrit ; cahier in-folio, 6 feuillets. — Catalogue impr., t. II,
> p. 436.

276.

Itinéraires : Jurisdiccion de los obispados de Guatemala, Nicaragua, Chiapa, Honduras e Yucatan.

> Manuscrit ; cahier in-folio, 17 feuillets. — Catalogue impr., t. II,
> p. 437.

277.

Notes sur Chapoltepetl.

Manuscrit ; cahier in-folio, 5 feuillets. — Catalogue impr., t. II, p. 437.

278.

Notes sur l'histoire ancienne du Yucatan. (Cf. le n° 216).

Manuscrit ; cahier in-folio, 16 feuillets. — Catalogue impr., t. II, p. 438.

279.

Notes sur l'histoire des Tarasques.

Manuscrit ; cahier in-folio, 10 feuillets. — Catalogue impr., t. II, p. 438.

280.

Notes statistiques sur Huejutla, extraites du *Teatro mexicano*.

Manuscrit ; in-folio, 2 feuillets. — Cat. impr., t. II, p. 439.

281.

« Extracto de la obra intitulada *Teatro Americano* » (1746).

Manuscrit ; cahier in-folio, 9 feuillets. — Cat. impr., t. II, p. 439.

282.

Notes sur Notre-Dame de Guadalupe; « extracto de la obra intitulada *Pensil americano* » (1793).

Manuscrit ; cahier in-folio, 4 feuillets. — Cat. impr., t. II, p. 440.

283.

« Noticias de Mexico y Nueva-España, deducidas de varios libros y papeles. »

Manuscrit ; cahier in-folio, 16 feuillets. — Cat. impr., t. II, p. 440.

284.

« Noticias pertenecientes à Mexico y Nueva-España, deducidas de varios autores. »

Manuscrit ; cahier in-folio, 7 feuillets. — Cat. impr., t. II, p. 441.

285.

« Cuaderno de noticias sueltas de Mexico y Nueva-Espana, deducidas de varios papeles ó noticias verbales. »

Manuscrit ; cahier in folio, 4 feuillets. — Cat. impr., t. II, p. 441.

286.

Extraits de la *Description historica de las dos piedras*, de Gama (1792).

Manuscrit ; cahier in-folio, 6 feuillets. — Cat. impr., t. II, p. 442.

Manuscrits et copies du Père Pichardo.

287.

Traduction en langue nahuatl, par le Père Pichardo, de trente-quatre fables d'Ésope.

Manuscrit ; cahier in-folio, 9 feuillets. — Cat. impr., t. II, p. 443.

288.

Copie, faite par le Père Pichardo, d'un manuscrit écrit en nahuatl.

Manuscrit ; in-folio, 2 feuillets. — Cat. impr., t. II, p. 444.

289.

Notes sur Tlaxcala; copie faite par le P. Pichardo.

Manuscrit ; cahier in-folio, 8 feuillets. — Cat. impr., t. II, p. 444.

290.

Fragment de la *Chronica de Tlaxcallan*, écrite en langue nahuatl par Don Juan Ventura Zapata y Mendoza, avec traduction de Loaiza; copie du P. Pichardo.

Manuscrit ; 2 cahiers in-folio, 15 feuillets. — Cat. impr., t. II, p. 445.

291.

Copie, faite par le P. Pichardo, d'un document en nahuatl, sur la fondation de la ville de Cuernavaca.

Manuscrit ; cahier in-folio, 4 feuillets. — Cat. impr., t. II, 445-446.

292.

Document sur la fondation de la ville de Cuernavaca, traduction espagnole du n° 291, faite par le P. Pichardo.

Manuscrit ; cahier in-folio, 12 pages. — Cat. impr., t. II, p. 446.

293.

« Disertacion sobre la figura que tenia el Templo Maximo de los Mexicanos ; » copie faite par le P. Pichardo.

Manuscrit; 2 cahiers in-folio, 16 feuillets, dont 2 plans. — Cat. impr., t. II, p. 446-447.

294.

Document relatif au siège de Tenochtitlan; copie faite par le P. Pichardo.

Manuscrit ; cahier in-folio, 20 pages. — Cat. impr., t. II, p. 447.

295.

« Cantares del emperador Nezahualcoyotl ; » copie faite de ces poésies par le P. Pichardo.

Manuscrit ; cahier in-folio, 9 feuillets. — Cat. impr. t. II, p. 448.

296.

Copie, faite par le P. Pichardo, de la pièce judiciaire n° 30 de ce
catalogue : Reçus présentés par le capitaine Jorge Ceron y Car-
bajal, alcade mayor de Chalco.

Manuscrit ; cahier in-folio, 10 feuillets. — Cat. impr., t. II, p. 449.

297.

Notes sur l'histoire de la conquête du Mexique; copie du P. Pichardo.

Manuscrit ; cahier in-folio, 7 feuillets. — Cat. impr., t. II, p. 449.

298.

Notes sur l'or des mines, l'or de *Tepuztli,* etc.; copie par le P. Pichardo du ms. n° 238.

Manuscrit ; 3 cahiers in-folio, 22 feuillets. — Cat. impr., t. II, p. 450.

299.

Copie du P. Pichardo; testament d'une femme indigène de
Tlatelolco ; texte nahuatl avec traduction en espagnol ;

Manuscrit ; in-folio, 2 feuillets. — Cat. impr., t. II, p. 450.

300.

Fragment d'un catalogue raisonné de manuscrits relatifs à
l'histoire du Mexique; copie du P. Pichardo.

Manuscrit ; cahier in-folio, 18 pages. — Cat. impr., t. II, p. 450-451.

301.

« Coloquio de la aparicion de la Virgen Santa Maria de Guadalupe, » en nahuatl; copie du P. Pichardo.

Manuscrit ; cahier in-4°, 14 feuillets. — Cat. impr., t. II, p. 451.

302.

« Fragment d'une histoire de N.-D. de Guadalupe, écrite en langue nahuatl par le bachiller Luis Lazo de la Vega, en 1649; copie du P. Pichardo.

Manuscrit ; 3 cahiers in-4°, 33 feuillets. — Cat. impr., t. II, p. 451.

303.

Relation de l'apparition de N.-D. de Guadalupe, par D. Joseph Perez de la Fuente; copie du P. Pichardo.

Manuscrit ; onze cahiers in-folio, 126 feuillets. — Cat. impr., t. II, p. 452-453.

304.

Fragment de la *Légende des Soleils*, tirée de l'*Histoire des royaumes de Colhuacan et Mexico;* copie du P. Pichardo.

Manuscrit ; cahier in-4°, 9 feuillets. — Cat. impr., t. II, p. 453.

305.

Explication du Calendrier mexicain, par le Père Pichardo.

Manuscrit ; in-folio, 141 feuillets. — Cat. impr., t. II, p. 453-454.

306.

Explication du Calendrier mexicain; copie par le P. Pichardo du manuscrit précédent.

Manuscrit ; grand in-folio, 136 feuillets. — Cat. impr., t. II, p. 454.

307.

Explication du Calendrier mexicain; copie des n°s 305 et 306.

Manuscrit ; grand in-folio, 82 feuillets. — Cat. impr., t. II, p. 455.

308.

Fragment d'un vocabulaire espagnol-nahuatl, par le P. Pichardo, d'après Molina, pour servir à l'histoire de N.-D. de Guadalupe.

Manuscrit ; cahier in-4°, 35 feuillets. — Cat. impr., t. II, p. 455.

309.

Fragment d'un vocabulaire espagnol-nahuatl, accompagné de notes sur la mythologie et la géographie du Mexique ancien, par le **P. Pichardo**, d'après Molina et Torquemada.

Manuscrit ; 7 petits cahiers in-4°, 212 feuillets. — Cat. impr., t. II, p. 455.

310.

Trente pièces diverses, la majeure partie écrites par Pichardo, sur l'histoire ancienne et la linguistique du Mexique.

Manuscrit ; 37 feuillets détachés in-4°. — Cat. impr., t. II, p. 456.

Manuscrits et copies de Don Antonio de Leon y Gama.

311.

Chronica Mexicana de Chimalpahin, en nahuatl; copie faite par Gama (sauf les 6 premières pages). — Il y a sous le n° 337, une copie de ce ms. avec traduction française par M. Aubin.

Manuscrit ; 3 cahiers in-folio, 115 pages. — Cat. impr., t. II, p. 457-458.

312.

« Copia de una historia de los reynos de Culhuacan y Mexico, escrita de letra de D. Fernando de Alva Ixtlilxochitl; » copie faite par Gama.

Manuscrit ; 7 cahiers in-4°, 122 pages. — Cat. impr., t. II, p. 459.

313.

Description de la ville de Mexico, avant et après l'arrivée des conquérants espagnols.

Manuscrit ; 4 cahiers in-4°, 36 feuillets. — Cat. impr., t. II, p. 460.

314.

Description de la ville de Mexico; copie incomplète du manuscrit précédent.

Manuscrit ; un cahier in-4°, 21 feuillets. — Cat. impr., t. II, p. 460.

315.

« Memorial breve acerca de la fundacion de la ciudad de Culhuacan, » en nahuatl; copie de Gama.

Manuscrit ; un cahier in-4°, 29 pages. — Cat. impr., t. II, p. 461.

316.

Description du grand temple de Mexico, extraite de l'*Historia naturæ* du P. Nieremberg.

Manuscrit ; un cahier in-4°, 19 pages. — Cat. impr., t. II, p. 461.

317.

« Testamento de Gregoria Maria y otros documentos pertenecientes à la historia de Nra.-Sra. de Guadalupe. »

Manuscrit ; un cahier in-4°, 35 feuillets. — Cat. impr. t. II, p. 462.

318.

Calendrier dressé par D. Fernando de Alva Ixtlilxochitl; copie par Gama de l'original décrit plus haut sous les n°s 65 à 71.

Manuscrit ; un cahier in-4°, 23 feuillets. — Cat. impr., t. II, p. 462-463.

319.

Almanach, ou calendrier, dressé et copié par Gama.

Manuscrit ; un cahier in-4°, 12 feuillets. — Cat. impr., t. II, p. 464.

320.

Recueil de notes de Gama sur l'image de Notre-Dame de Guadalupe.

Manuscrit ; un cahier in-4°, 15 feuillets. — Cat. impr., t. II, p. 464.

321.

« Description del obispado de Michoacan, por D. Antonio de Leon
y Gama. »

Manuscrit ; cahier in-4°, 8 pages. — Cat. impr., t. II, p. 465.

322.

« De la existencia de los Gigantes y tiempo en que habitaron la
Nueva-España, por Antonio de Leon y Gama. »

Manuscrit ; cahier in-4°, 13 feuillets. — Cat. impr., t. II, p. 465.

323.

Extraits, par Gama, du *Lunario y prognostico de temporales* du
D. Carlos de Siguenza y Gongora.

Manuscrit ; cahier in-4°, 5 feuillets. — Cat. impr. t. II, p. 466.

324.

Recueil de notes de Gama sur la botanique, etc.

Manuscrit ; 3 cahiers in 4°, 26 feuillets. — Cat. impr., t. II, p. 466-467.

325.

« Fundamentos y operaciones de la arithmetica de los Mexicanos, por Antonio de Leon y Gama. »

Manuscrit ; cahier in 4°, 16 feuillets. — Cat. impr., t. II, 467.

326.

Recueil de notes de Gama sur l'une des grandes pierres trou-
vées sur la place de Mexico, en 1790.

Manuscrit ; cahier in-4°, 21 feuillets. — Cat. impr., t. II, p. 468.

327.

« Metodo de dividir el tiempo que acostumbraban los Mexicanos y otras provincias de la Nueva-España. »

Manuscrit ; cahier in-4º, 55 feuillets. — Cat. impr. t. II, p. 468.

328.

Notes de Gama sur la chronologie et le calendrier des anciens Mexicains, etc.

Manuscrit ; 15 cahiers in-folio, 133 feuillets. — Cat. impr. t. II, p. 469.

329.

Observations météorologiques faites, en 1784, à Mexico par Gama.

Manuscrit ; volume in-4º, 181 feuillets. — Cat. impr., t. II, p. 470.

330.

Division du cycle ou siècle des anciens Mexicains en quatre triadécátérides, par Gama.

Manuscrit ; cahier in-4º, 6 feuillets. — Cat. impr., t. II, p. 470-471.

331.

Notes sur l'éclipse du 6 novembre 1771 ; observations faites par Gama et envoyées à La Lande.

Manuscrit ; cahier in-folio, 13 feuillets. — Cat. impr., t. II, p. 471-474.

332.

Éphémérides, en nahuatl, avec une traduction en espagnol ; copie du *Codex de 1576*, nº 35.

Manuscrit ; cahier in-4º, I et 14 feuillets. — Cat. impr., t. II, p. 474.

333.

Éphémérides de Gama; copie et traduction, par M. Aubin, du *Codex de 1576*.

Manuscrit ; 2 cahiers in-4°, 24 feuillets. — Cat. impr., t. II, p. 475.

334.

Copie du *Codex Chimalpopocatl*, avec un essai de traduction française par l'abbé Brasseur de Bourbourg.

Manuscrit; volume in-folio, 185 pages. — Cat. impr., t. II, p. 475-480.

Manuscrits, copies et recueils de notes de M. J.-M.-A. Aubin.

335.

Copie de l'*Histoire des royaumes de Culhuacan et Mexico* (n° 312), avec un essai de traduction française par M. Aubin.

Manuscrit ; 8 cahiers in-folio, 79 feuillets. — Cat. impr., t. I , p. 482.

336.

Copie de l'*Histoire de Culhuacan et Mexico* (n° 335).

Manuscrit ; 3 cahiers in-4°, 76 feuillets. — Cat. impr., t. II, p. 482.

337.

Copie, faite par M. Aubin, de la *Chronica mexicana* de Chimalpahin, en nahuatl, avec traduction française.

Manuscrit; 4 cahiers in-folio, 24 pages. — Cat. impr., t. II, p. 483.

338.

Copie, faite par M. Aubin, avec un essai de traduction française, de l'*Histoire Tolléco-chichimèque* (n° 54).

Manuscrit; 3 cahiers in-folio, 41 feuillets. — Cat. impr., t. II, p. 483.

339.

Documents divers sur l'histoire du Mexique, copiés et traduits en français par M. Aubin.

Manuscrit.; 4 cahiers in-folio, 41 feuillets. — Cat. impr., t. II, p. 483.

340.

Fragment d'une Histoire Toltèque et autres ; copie de M. Aubin, en espagnol, avec traduction française.

Manuscrit ; cahier in-4°, 42 feuillets. — Cat. impr., t. II, p. 484.

341.

Copie d'un fragment de l'*Histoire de Tlaxcala*, de Zapata (n° 212), avec traduction française par M. Aubin.

Manuscrit ; cahier in-folio, 9 feuillets. — Cat. impr., t. II, p. 484.

342.

Copie de la *Historia Mexicana de autor anonimo*, avec annotations de M. Aubin.

Manuscrit ; cahier in-folio , II feuillets et 20 pages. — Cat. impr., t. II, p. 484.

343.

Copie, faite par M. Aubin, d'un fragment de la *Historia de los Mexicanos por sus pinturas*, de Motolinia.

Manuscrit ; cahier in-folio, 45 pages. — Cat. impr., t. II, p. 485.

344.

Fragment du *Codex de Mendoza*, avec annotations de M. Aubin.

Manuscrit ; cahier in-folio, 16 feuillets. — Cat. impr., t. II, p. 485.

345.

Notes de M. Aubin, sur l'histoire ancienne, la géographie, la chronologie et la linguistique du Mexique.

Manuscrit ; cahier in-folio, 28 feuillets. — Cat. impr., t. II, p. 485.

346.

Notes de M. Aubin sur le *Codex de 1576*, et copie de ce manuscrit.

Manuscrit ; 2 cahiers in-4°, I et 91 feuillets. — Cat. impr., t. II, p. 486.

347.

Notes de M. Aubin sur la *Peregrinacion Azteca,* avec dessin au crayon du « Jeroglifico de Sigüenza » (n° 91).

Manuscrit ; cahier in-4°, 51 feuillets. — Cat. impr., t. II, p. 486.

348.

Copie, avec traduction française, des « Différentes histoires en nahuatl, » de Domingo Chimalpahin (n° 74).

Manuscrit ; dix cahiers in-4°, 200 feuillets. — Cat. impr., t. II, p. 487.

349.

Copie des « Différentes histoires, » de Chimalpahin (n° 348).

Manuscrit ; cahier in-4°, 206 feuillets. — Cat. impr., t. II, p. 487.

350.

Copie des « Différentes histoires, » de Chimalpahin.

Manuscrit ; 3 cahiers in-folio, 21, 45 et 158 feuillets. — Cat. impr., t. II, p. 488.

351.

Catalogue manuscrit de la Collection de M. Aubin (1851).

Manuscrit ; 181 feuillets de formats divers. — Cat. impr., t. II, p. 488 et 513-525.

352.

Notes et extraits divers sur le Mexique ancien.

Manuscrit ; volume in-4°, 304 feuillets. — Cat. impr., t. II. p. 489.

353.

Notes, en français, sur le *Codex Vaticanus*, n° 3738.

Manuscrit ; cahier in-folio, 123 feuillets. — Cat. impr., t. II, p. 489.

354.

Notes de M. Aubin sur les documents de sa collection.

Manuscrit ; cahier in-4°, 96 feuillets. — Cat. impr., t. II, p. 487.

355.

Notes de M. Aubin sur la *Mappe Tlotzin* et autres documents de sa collection.

Manuscrit ; cahier in-4°, 86 feuillets. — Cat. impr., t. II, p. 490.

356.

Notes de M. Aubin sur la *Mappe de Tepechpan* et divers autres documents de sa collection.

Manuscrit ; cahier in-4°, 85 feuillets. — Cat. impr., t. II, p. 490.

357.

Notes de M. Aubin sur le *Codex de Mendoza*, etc.

Manuscrit; cahier in-4°, 118 feuillets. — Cat. impr., t. II, p. 490.

358.

Notes de M. Aubin sur la *Pierre de Tizoc* et le calendrier des anciens Mexicains.

Manuscrit; 92 feuillets de formats divers. — Cat. impr., t. II, p. 491.

359.

Notes de M. Aubin, sur l'arithmétique, la physique, la géographie, la philosophie, la musique, etc.

Manuscrit ; in-4°, 312 feuillets. — Cat. impr., t. II, p. 491.

360.

Lettres autographes diverses, d'Alexandre de Humboldt, de Waldeck, J.-F. Ramirez, des abbés Brasseur de Bourbourg, Domenech, etc.

Manuscrit; 26 lettres autographes (53 feuillets). — Cat. impr., t. II, p. 492-493.

Documents sur la linguistique du Mexique.

361.

Dictionnaire nahuatl-espagnol; en partie copié par le Père Pichardo.

Manuscrit; volume in-folio, relié en parchemin (862 pages).— Cat. impr., t. II, p. 495.

362.

Petit dictionnaire espagnol-nahuatl (xviii° siècle).

Manuscrit; volume petit in-4° (329 pages). — Cat. impr. t. II, p. 496.

362 *bis*.

Dictionnaire espagnol-nahuatl (sans nom d'auteur).

Manuscrit; cahier in-folio (48 feuillets).

362 *ter*.

Petit dictionnaire espagnol-nahuatl.

Manuscrit; volume petit in-4°, sans titre (286 pages).

363.

Fragment d'un dictionnaire nahuatl-espagnol, écrit en partie par le Père Pichardo.

Manuscrit; cahier in-folio (65 feuillets). — Cat. impr., t. II, p. 496.

364.

Grammaire hispano-nahuatl, ou *Arte de la lengua mexicana*, compuesta por el P. Fr. Andres de Olmos (1547).

Manuscrit; volume in-4°, relié en parchemin (184 pages). — Cat. impr. t. II, p. 496-497.

365.

" Doctrina mexicana ", ou catéchisme, en nahuatl, par D. Joseph-Aug^n de Aldama y Guevara.

Manuscrit; cahier in-4°, relié en parchemin (61 feuillets).— Cat. impr., t. II, p. 497.

366.

« Sermones super evangelia que in sanctorum festivitatibus leguntur,... idiomate Gualimalensi cakchiquel, » par Fr. Francisco Maldonado. (xvii° siècle).

Manuscrit; volume in-folio, relié en parchemin (vi et 153 feuillets). — Cat. impr., t. II, p. 498.

367.

"Sermones en mexicano " ou nahuatl (1559).

Manuscrit; volume petit in-4°, relié en parchemin (343 feuillets).— Cat. impr., t. II, p. 498.

368.

« Arte de la lengua Hegue, compuesto por el Padre Balthasar de Loaysa, de la Comp^a de Jesus. »

Manuscrit; volume petit in-4°, relié en parchemin (163 feuillets). — Cat impr., t. II, p. 499-500.

Divers.

369.

"Coleccion de ordenanzas y reglamentos ".

Douze pièces manuscrites ou imprimées; volume in-folio, demi-reliure (422 feuillets). — Cat. impr., t. II, p. 505-507.

370.

L'Inquisition au Mexique, de 1811 à 1815.

Manuscrit ; volume in-folio, relié en basane rouge (ii et 55 feuillets). — Cat. impr., t. II, p. 507-508.

371.

L'Inquisition au Mexique, en 1817.

Manuscrit ; volume in-folio, relié en basane rouge (20 et 122 pages). — Cat. impr., t. II, p. 509.

372.

Tableau hiéroglyphique des anciens rois mexicains : « Geroglificos de los antiguos reyes mexicanos y de otros señores que gobernaron à la nacion Azteca, sacados de algunos mapas originales de los antiguos indios, por Antonio Carrion. »

Manuscrit figuratif, sur papier européen ; une feuille. — Haut. 0ᵐ, 64 ; larg. 0ᵐ, 83.

373.

Mappe Tlotzin, représentant la généalogie des empereurs chichimèques, depuis Tlotzin jusqu'au dernier roi d'Acolhuacan Ixtlilxochitl.

Publiée par le Dʳ E.-T. Hamy dans la *Mission scientifique au Mexique* (Paris, 1885, gr. in-4º).

Manuscrit figuratif, sur peau préparée. — Long. 1ᵐ, 275 ; larg. 0ᵐ, 315.

374.

« Apperreamiento, o suplicio por medio de perros de presa. » Supplice au moyen de chiens furieux, infligé au Mexique à sept chefs ou seigneurs indigènes par ordre de Hernan Cortés.

Manuscrit figuratif, accompagné d'une série d'inscriptions en langue nahuatl ; une feuille, papier européen. — Haut. 0ᵐ, 43 ; larg. 0ᵐ, 31.

375.

Mappe Baur-Goupil, représentant l'invasion des provinces de Cholula, Tlaxcala et des contrées limitrophes par les Chichimèques.

Manuscrit figuratif, sur papier d'agave mexicana. — Long. 1ᵐ, 067 ; larg. 1ᵐ, 013.

376.

Livre de comptes des tributs à payer par les indigènes de San-Pablo-Teocaltitlan à leur gouverneur Don Antonio Valeriano (Mexico, 1574).

Manuscrit figuratif, sur papier européen ; texte en langue nahuatl ; cahier in-4°, rel. en parchemin (28 feuillets).

377.

Notices sur les événements ecclésiastiques et divers phénomènes météorologiques, etc., survenus dans la ville de Puebla et ses environs (1638-1677).

Manuscrit figuratif, sur papier européen ; texte en espagnol et nahuatl ; cahier in-4° (pages 7 à 66).

378.

Éphémérides de Tlaxcala et lieux circonvoisins.

Manuscrit en langue nahuatl ; cahier in-4° (35 pages).

379.

Relations des expéditions au Nouveau-Mexique des capitaines espagnols Francisco Vasquez Coronado et Juan de Oñate, écrites en 1623 par Fray Hieronimo de Çarate Salmeron, chapelain de ces expéditions ; copie moderne.

Manuscrit en langue espagnole ; cahier in-4° (90 pages).

380.

« Confesionario dictado por el bachiller Don Carlos de Tapia en el pontifisio Coleguio ceminario » (*sic*).

Manuscrit en langue espagnole ; cahier in-4° (22 pages).

381.

Recueil de prières en langue nahuatl, accompagnées d'un fragment de calendrier en langue Tarasque (Michoacan).

Manuscrit in-4° (60 pages).

382.

« Aparejo para los que se quieren confessar, comulgar, casar, et morir. »

Manuscrit trilingue : espagnol, nahuatl, otomi ; cahier in-4° (72 feuillets).

383.

Mémoire adressé au roi d'Espagne, Philippe V, par le chevalier Lorenzo Boturini Benaduci.

Deux pièces, imprimée et manuscrite, in-folio (4 et 4 pages). — Publiées à la suite de la biographie de Boturini dans le Cat. impr., t. I, p. 48-50 et 50-51.

384.

I. " Chronica Mexicana, escripta por Dr Hernando de Alvarado Tezozomoc, por los años de 1598. " — Copie du n° 207.

II. Histoire des anciennes populations de la vallée de Mexico, par F. de Alva Ixtlilxochitl. — Copie du n° 224.

Manuscrit, in-folio, 322 et 36 pages. — N°s 145 et 116 du Catalogue de vente Goupil (1899).

MANUSCRITS MEXICAINS

NE FAISANT PAS PARTIE DE LA DONATION GOUPIL

385.

Codex Telleriano-Remensis, contenant le calendrier des fêtes fixes, un *Tonalamatl,* et une histoire du Mexique, de 1198 à 1562. — Publié en fac-simile par le Dr Hamy (1899).

Manuscrit figuratif, sur papier, in-folio (50 feuillets). Haut. 0^m,305 ; larg. 0^m,210. Rel. parchemin. — Ancien n° 1.

386.

Codex Peresianus, manuscrit hiératique des anciens Indiens de l'Amérique centrale, publié par M. Léon de Rosny (Paris, 1887, in-4°, et reproduction in-fol.).

Manuscrit figuratif, sur papier d'agave mexicana, in-folio (11 feuillets). Haut. 0^m,250 ; larg. 0^m,125. — Ancien n° 2.

387.

" Matricule des vassaux de la ville de Huexotzinco et d'autres lieux, existant au plateau aztèque en l'année 1560. "

Manuscrit figuratif, sur papier, in-folio (feuillets 464 à 1032). Haut. 0^m,315 ; larg. 0^m,215. Rel. parchemin. — Anciens n°ˢ 3 et 4.

388.

" Primera tabla de la genealogia " pour établir la descendance de la famille Cano des anciens rois mexicains.

Manuscrit figuratif, sur parchemin ; une feuille double in-folio. Haut. 0^m,31 ; larg. 0^m,43. — Ancien n° 5.

389.

Enumération de redevances foncières.

Manuscrit en espagnol, sur papier d'agave mexicana, une feuille.
Haut. 0ᵐ,45 ; larg. 0ᵐ,45. — Ancien n° 6.

390.

Rôle des impôts perçus sur les habitants du canton de Tla-
tengo, en 1562.

Manuscrit figuratif, sur papier d'agave mexicana ; une feuille. Haut.
1ᵐ,75 ; larg. 0ᵐ,20. — Ancien n° 7.

391.

Pièce d'un procès, et révolte contre un *Encomendero*.

Manuscrit figuratif, sur papier d'agave mexicana ; une feuille. Haut.
0ᵐ,76 ; larg. 0ᵐ,51. — Ancien n° 8.

392.

Pièce d'un procès.

Manuscrit figuratif, sur papier d'agave mexicana ; une feuille. Haut.
0ᵐ,81 ; larg. 0ᵐ,48. — Ancien n° 9.

393.

Registre d'une paroisse.

Manuscrit en langue nahuatl, sur papier d'agave mexicana, in-folio
(36 feuillets). Haut. 0ᵐ,42 ; larg. 0ᵐ.25. — Ancien n° 10.

394.

Trois pièces d'un procès (1530).

Manuscrit en langue espagnole, sur papier d'agave mexicana, trois
doubles feuillets in-folio. Haut. 0ᵐ,46, 47 et 49 ; larg. 0ᵐ,21, 24 et 21.
— Ancien n° 11.

395.

Fac-similé photographique de deux pages d'un manuscrit figuratif, sur papier d'agave mexicana, soi-disant apporté en Espagne par Fernand Cortès, et dont l'acquisition fut proposée à la Bibliothèque nationale, en 1867, par M. Juan Palacios, de Madrid.

Huit feuillets, montés in-4°; demi-rel. — Ancien n° 12.

396.

Fragment d'une mappe géographique et historique.

On a relié en tête une lettre d'envoi du marquis de Moncada au comte de Cely ('' Mexique, le 18 avril 1770 '').

Manuscrit figuratif, sur papier d'agave mexicana; une feuille. Haut. 0ᵐ,345; larg. 0ᵐ,435. — Ancien n° 13.

397.

'' Compendio de la lengua mexicana y letras especiales et idioma. ''

Manuscrit du xviiiᵉ siècle; 1 feuillet et 47 pages, in-4°; rel. parchemin. Provient de la vente Pinart, n° 613. — Ancien n° 14.

398.

'' Fuente de los verbos Mexicanos. ''

Manuscrit du xviiiᵉ siècle; 29 feuillets, in-4°; demi-rel. Provient de la vente Pinart, n° 613, et auparavant de Brasseur de Bourbourg. — Ancien n° 15.

399.

Doctrine chrétienne, en figures, avec notes historiques.

Manuscrit figuratif, sur papier; 30 feuillets, montés in-8°. Rel. parchemin. — Ancien n° 16.

400.

Mappe Reinisch, contenant la généalogie de plusieurs princes mexicains et chichimèques. (1586.)

Manuscrit figuratif, sur papier d'agave mexicana ; une feuille. Haut. 0m,835 ; larg. 0m,395. (Don du comte de Charencey. Cf. Cat. impr. de la Collection Goupil, t. II, p. 17-18.) — Ancien nº 17.

401.

" Mapa antiguo de los terrenos del pueblo de San Simon Calpulalpam. "

Exemplaire offert à l'empereur Maximilien Iᵉʳ par les habitants de Calpulalpam, en 1864.

Manuscrit figuratif, composé de 6 feuillets, écrits au recto et au verso, en langue nahuatl, sur papier indigène d'agave mexicana. Haut. 0m,47 ; larg. 0m,22. Couverture en velours rouge, dans un étui aux armes du Mexique.

TABLE

RENNES, IMPRIMERIE FR. SIMON, SUCC^r DE A. LE ROY

IMPRIMEUR BREVETÉ